Weil ich dich so sehr lieben darf,

lebe ich noch …

Nicole Baumann-Kolcnovics

AF220558

Nicole Baumann-Kolonovics

Weil ich dich so sehr lieben darf, lebe ich noch …

Momentaufnahmen der Trauer um Tilda

Die Deutsche Nationalbibliothek verzeichnet diese Publikation in der Deutschen Nationalbibliografie; detaillierte bibliografische Daten sind im Internet über http://dnb.dnb.de abrufbar.

© 2019 Nicole Baumann-Kolonovics
Cover: Jonas Kolonovics, Peter Michael Schaffer

Herstellung und Verlag:
BoD – Books on Demand, Norderstedt

ISBN: 9783752848380

Für meine Tilda

In unendlicher und ewiger Liebe

21. August 2018 – der schrecklichste Tag in meinem Leben, weil wir erfahren, dass das Herz unserer süßen kleinen Tilda nicht mehr schlägt

24. August 2018 – der wundervollste Tag in meinem Leben, weil unsere süße kleine Tilda geboren wird und wir sie in unseren Armen halten

Hier ein Auszug von Momentaufnahmen der Trauer um Tilda. Durch das Benennen des Nichtfassbaren habe ich gelernt unendlich zu lieben.

Danke an alle, die mich und uns begleiten.

Die Welt steht still

Fallen

Viel mehr gefallen werden

Umgeben von tiefschwarzer Leere

Einen Gorilla sehend

Um dann wieder festzustellen

Dass es doch kein Traum ist

Ein stechender Schmerz, der einfach da ist

Der die Stopp Taste drückt

Der einen daran hindert sich aufzurichten, weil es viel zu
sehr weh tut

Der einen zwingt sich hinzulegen

Der einen zwingt, zu erstarren

Der einem das Gefühl gibt, dass man keinen Schritt mehr
machen kann

Weil man auch gar nicht wissen würde, in welche Richtung
man gehen sollte

Weil man nichts mehr sieht

Blöd so ein Hexenschuss

Wut und Selbstvorwürfe

Trauer und Angst

Liebe und Verzweiflung

So viele Gefühle

Die so unvereinbar scheinen

Und dennoch Platz in meinem gebrochenen Körper finden

Giftig unberechenbare Wellen

Die mich umarmend tragen

Um mich im selben Moment qualvoll zu ertränken

Und dann meinen leblosen Körper in der Tiefe vergraben

Sie gehen mit mir ihren Weg

Nicht meinen

Eine leere Sehnsucht

Die stumpf und weiß

Einfach nicht atmet

Die so endlos weit ist

Dass ich glaube zu wissen wie sich die Unendlichkeit
anfühlt

Sehnsucht

Meine Liebe, die dich sucht

Gleichgewicht

Etwas das unmöglich scheint

Weil unsere Liebe nicht mit uns leben darf

Welten zu unterscheiden

Wenn man nicht mal annähernd weiß

Was und wo Grenzen sein könnten

Wenn die eigene Welt

Zerbröckelt und verschwommen ist

Wenn das Herz gebrochen ist

Dann findet man auch kein Wort

Das dies annähernd beschreiben könnte

Leere

Unkontrollierbare Gedanken

Ein weinendes Herz

Ein Karussell, auf dem ich nicht sein möchte

Für das ich kein Ticket gekauft habe

Dessen Tempo und Richtung ich nicht bestimmen kann

Ein Karussell, das ich nicht mag

Eins, das mein Leben aber für immer verändert

Ich muss ein Leben leben

Das ich so nicht leben möchte

Nicht denken wollen

Nicht gut genug sein

Nicht sicher sein, ob das tatsächlich passiert

Nicht glücklich sein wollen

Nicht so verbittert und gemein sein wollen

Eine unerklärbare Angst dich irgendwie vergessen zu können

Obwohl jeder Gedanke entweder bei dir beginnt oder bei dir endet

Liebe

Die raum-, zeit- und grenzenlos

Viel weiter und größer als die Unendlichkeit

Für dich, durch dich und wegen dir

Dem Leben und dem Tod Sinn gibt

Ich trinke zu wenig und weine zu viel

Seltsam zu glauben, dass an dieser Behauptung irgendwas
dran ist

Weil Wasser Wasser nicht bedingt

Eine stille, schwere Müdigkeit

Welche das Überstehen des Tages unterbricht

Und mit traumlosen Momenten

Zu einer benommenen Schwerelosigkeit

Wird.

Atmen

Wenn man nicht weiß warum

Füttert nur die Sinnlosigkeit

Die sich einen Bauch anfrisst

Der zu explodieren droht

Und es leider nicht macht

Hinabsteigen

In die Tiefen meiner Seele

Die Finsternis, das Dunkle, die Wut, den Schmerz, die
Schuld spüren

Darin graben, als würde man tatsächlich eine Antwort
finden

Hineinlegen in dieses Loch

Erstarren

Nicht atmen

Sich darin verlieren

Sich selbst bestrafen

So als ob

Das was ändern könnte

Gedanken, die sich nicht stoppen lassen

Eine Unendlichkeit von Gefühlen, die gelebt werden wollen

Eine Realität, die nichts mehr mit der Vergangenheit oder
der geplanten Zukunft zu tun hat

Einzig deine Liebe

Die mir zu überleben hilft

Zu atmen

Inmitten der Trümmer

Versuche ich ein Sternbild für dich zu zeichnen

In der Hoffnung, dass es dir Geborgenheit gibt

Und mich ein wenig tröstet

Inmitten der Trümmer

Ist der Horizont so weit

Und die Welt so leer

Inmitten der Trümmer

Liebe ich dich

Ein weißer Schmetterling

Der mein Standbild in den Garten in den letzten Tagen

Mit ein wenig Leichtigkeit gefüllt hat

Der sich tragen hat lassen

Und heute nicht mehr hier ist

Als würden mich meine Tränen

Streicheln wollen

Mich waschen wollen

Jedenfalls mich verändern

Um der Sehnsucht zu helfen

Einen Weg für mich zu dir zu bauen

Ich versuch mich selbst zu halten

Und würde doch viel lieber dich halten

Diese Grenzen lassen mich verzweifeln

Doch ich scheiß drauf

Und lieb dich umso mehr

Wenn irgendjemand

Etwas tun könnte, ändern könnte

Würd ich ihn bitten, anflehen

Mit einer Waffe bedrohen

Es ist Blödsinn zu glauben

Dass auch nur irgendetwas zueinander in Relation steht

Dass zwei zutiefst unterschiedliche Dinge nicht gleichzeitig
möglich sind

Dass B nach A folgt

Ich lache, ich empfinde Freude

Mein Herz ist gebrochen, ich leide und weine

Meine Seele, mein Geist, mein Herz

Schaffen die Gleichzeitigkeit all dessen

Und das ist schön und furchtbar schrecklich

Zugleich

Mein Schmerz, mein Leid, meine Sehnsucht, meine Liebe

Nichts davon kann oder möchte ich mit euch teilen

Manchmal fühlt es sich an wie Waffenstillstand

Als hätte einer von uns Beiden die weiße Fahne geschwenkt

Damit wir die Leere und Stille fühlen können

Und uns ganz dem Sein hingeben

Und nicht denken und nicht fühlen

Und es ist egal

Gegen wen oder was ich eigentlich kämpfe

Wem ich den Krieg erklärt habe

Weil mir der Unterschied zwischen kämpfen und sich voll
und ganz hingeben

Nicht klar ist

Wenn man wüsste

Wo man irgendwann mal steht

Würde man alles wieder so machen

Ich

Ja

Jeden Schritt, jede Erfahrung, jeden Fehler

Einfach alles

Um genau hierherzukommen wo ich jetzt bin

Weil ich so dankbar für deine Liebe bin

Und dennoch würd ich alles geben

Damit du mit uns leben kannst

Wie eine sehr klare Todesstille

Die nicht denken mag

Und nicht fühlen kann

Den Körper in eine warme Starre einhüllt

Und die Zeit verstreichen lässt

Mein neuer Begleiter

Umhüllt mich

Klebt an mir

Hat sich festgekrallt

Sich in mein Herz eingekuschelt

Tröstet mich

Bringt meine Gedanken zum Lachen und Weinen

Hat mir ewige Treue geschworen

Und ich weiß, dass sich unsere Wege erst trennen

Wenn wir uns wieder sehen.

Gedanken- und gefühllos

Interessenslos, antriebslos, motivationslos

Wortlos, tränenlos,

Angstlos, wutlos

Schuldlos

Taschenlos

Traumlos

Zukunftslos

Einfach ohne dich

Eine andere Welt

Ein anderes Ich

Ein Körper, der es nicht schafft sich zu bewegen

Gedanken, die nicht gedacht werden wollen

Gefühle, die nur dir gelten

Und manchmal so wie du

Nicht da sind

Weil ich immer an Erklärungen

Immer an einen tieferliegenden Sinn

An Lösungen

An einen Weg, den man gerne geht

Geglaubt habe

Kann ich diese Ungerechtigkeit nicht fassen

Nicht verstehen

Zeit meine Annahmen zu begraben

Tausend Gefühle

Dann wieder keine

Wir gehen jetzt spazieren.

Wie in einem dunklen, endlosen Traum

In dem ich dich nicht sehen kann

Ich spür dich in der Ferne tanzen

Wenn man sich den Weg nicht aussuchen kann

Den man geht

Dann bleibt man stehen

Weil die Vergangenheit unveränderbar ist

Die Zukunft so nicht leben möchte

Man jagt Mäusen, die mit einem Fuß in der Falle quer durch
den Garten gerannt und gestorben sind, hinterher

Man atmet von einer Träne zur nächsten.

Die Knochen des Anderen knarren hören

Das bisher Gekannte loslassen

Gemeinsam von dir träumen

In den Anderen hineinkriechen wollen

Zu zweit einsam sein.

Wie ein Hund, der vor dem Supermarkt warten muss

Dessen Bellen und Jammern so sehr in den Ohren schmerzt

Dass es erahnen lässt, was uns in der Hölle erwartet

Der sich nicht davon abbringen lässt, weiterzubellen

Weil er dort nicht sein möchte

Weil er ganz genau weiß, was er möchte und er es nicht
bekommt

Wie ein kläffender Hund, den man treten möchte, sind auch
meine Gedanken.

Die Augen sind noch geschlossen

Einzig die Bewegung der linken Hand verrät

Dass ein neuer Tag anbricht

Und noch bevor diese Ahnung zu Ende gedacht wird

Erfüllt das Geschehene meinen Körper, mein Herz

Und ich durchlebe die vergangenen Tage wieder

Ein neuer Tag, den ich nicht mit dir verbringen darf

Mein Herz bricht weiter und ich werde zu Staub.

Ich bin verzweifelt

Und ich weiß nicht, was das bedeutet.

Warum mein Herz gebrochen ist

Weil ich mich in dich verlieben durfte

Weil dein Herz nicht schlägt

Es erstickt mich

Warum soll ich essen

Wenn ich sterben möchte

Alle Gespräche finden in meinem Kopf statt

Zwischen den zahllosen Ichs

Die in einem 24 Stunden Theater

Abwechselnd

Ohne erkennbare Logik

Ohne Ziel

Die Bühne betreten

Und mit einer Leidenschaft, die blutet und lacht

Spielen

Leere

Die zu Müdigkeit wird

Damit das Staubkorn, an dem ich mich festhalte

Die Chance erhält, aufzugeben

Überleben

Wenn man gar nicht kämpft

Weil das vermutlich, wenn man in der Hölle ist, auch
keinen Sinn macht

Vielleicht lernt man durch die Unberechenbarkeit der
Trauer

Die Unberechenbarkeit und Unkontrollierbarkeit

Dessen

Was passiert ist

Und des Lebens

Akzeptieren.

Puzzleteile

Die einfach kein großes Ganzes ergeben

Lieben

Mit allem, was ich habe und nicht habe

Um dir nahe zu sein

Den Tod und das Leben

Akzeptieren

Weder das eine noch das andere kann ich so akzeptieren

Wie es im Moment ist

Ertragen und irgendwie damit zurechtkommen

Ohne dich Platten hören

Ist wie mit einem leeren Kinderwagen zu fahren

Mein gebrochenes Herz

Zerbröckelt in Atome

Und löst sich in der Traurigkeit und Sehnsucht auf

Aus Liebe – alles für dich tun

In Liebe schmerzend verzweifelt sein

In Liebe lieben

Bei jedem Herzschlag

Weint mein Innerstes, mein Geist, mein Herz

Es klagt und schreit und verzweifelt

Weil dein Herz nicht mehr schlägt

Liegend aufgespießt auf tausenden Speerspitzen

Damit der Haken, der sich durch mein Herz bohrt, nicht mit
unnötigem Ballast beladen wird

Um dann alle meine Adern und Venen feinsäuberlich aus
mir herauszuziehen

Damit genügend Platz für diese lähmende stumpfe Leere ist

Zu Hause ist jetzt anders

Ohne dich

Dennoch Liebe stärkend

Ich weiß nicht, was ich glauben soll

Hab keine Ahnung, was richtig oder falsch ist

Ich hab nicht nur dich verloren

Sondern auch mich

Nicht wahrhaben können

Dass das mein Leben sein soll

Ich suche noch immer vergebens einen Weg

Alles Gute und Böse, das ich je getan habe

Ist weg

Bestraft, gebrochen und leer

Versunken in einem Geflecht

Das die Trauer für mich gestrickt hat

Mich unter den Meeresgrund zieht

Damit ich dort an meiner Liebe und Sehnsucht ersticke

Mein Schatz sagt er hat ein Loch im Herz

Ich frag mich, was ich sehe, wenn ich durchschau.

Der Wahnsinn hat mich zum Tanzen aufgefordert

Oder war ich es

Damit ich endlich aufhöre, es verstehen zu wollen

Ich träume dein Leben

Ich küsse dein Lächeln

Meine Liebe ist mein Weg zu dir

Ich stopfe mich voll mit Geschichten

In der Hoffnung einer Erklärung näherzukommen

Füttere damit aber nur die Sinnlosigkeit

Und meine Leere

Ich möchte das, was noch in mir ist, ausschaben

Es mit heißem Wasser aufgießen

Mit Tränen süßen

Und es dann dem Leben zum Frühstück vorsetzen

Damit es sich jahrzehntelang davon übergibt

Und fast daran erstickt

Um dann ewig zu bereuen, was es mir angetan hat.

Erst dann gehen wir gemeinsam weiter.

Die meiste Zeit ist meine Trauer auf LSD

Wütet schmerzerfüllt und weinend

Lachend unberechenbar

Und manchmal schläft sie in der Ecke ihren Rausch aus.

Mein Geist wehrt sich mit allem, was er hat

Er kämpft, schlägt um sich

Versucht sich an Verwirrungsspielen, lenkt ab

Baut Parallelwelten

Versucht sich sogar im Träumen, obwohl er Angst davor
hat

Alles nur

Weil er deinen Tod nicht verstehen

Denken

Annehmen

Kann

Gefangen in der Welt

Nichts in mir ist fähig dem Leben ein Lächeln schenken zu
wollen

Eine stolze Mutter

Mit so viel Liebe, die vergangenen und zukünftigen Kriegen
die Berechtigung zum Sein nimmt

Die jeden Atemzug, jeden Herzschlag, jeden Gedanken dir
schenkt

Das bin ich.

Schlafend gehend

Immer wieder den gleichen Weg, aber in anderen
Kombinationen

Mir Sorgen machend über Dinge, die du nicht erleben wirst

Überlegend Fremden zu sagen, was ich nicht sagen kann

Besorgt und hoffend, dass mir ein Blumentopf auf den Kopf
fällt

Verzweifelt, bittend und bettelnd

Der Wind hätte eine Antwort für mich

Ich weiß, dass es kein Traum ist

Dennoch versuche ich aufzuwachen

Das Schrecklichste eines Lebens

Meines Lebens

Bringt auch Erkenntnis.

Bei diesem höhnischen Lachen des Lebens blitzen seine
Giftzähne hervcr

Die sich in meinem Herz verkeilen

Und Schuldgefühle, Wut und Schmerz gebären.

Unbegreiflich, dass all diese Gegensätzlichkeiten

Gemeinsam Tee trinken möchten.

Wie kann ich meinem Geist

Ein Denken vermitteln

Das abweicht, von allem, was er kennt

Wie soll dieser Fisch gehen lernen

Und Luft atmen

Indem ich Geist und Fisch liebe

Und Hoffnung in die Gewissheit dich wiederzusehen

Verwandle.

Es ist genau das

Sich nicht festzuhalten

Sondern sich im Wind

Fallen zu lassen

Die Hoffnung ist es

Die mich daran hindert leben zu wollen

Möglicherweise finde ich doch jemanden oder etwas

All das ungeschehen zu machen

Können und wollen

Ich kann viel ohne es zu wollen

Ich will vielleicht manches ohne es zu können

Was ich weder kann noch will, sollte sich erübrigen

Aber wie soll ich mir verzeihen, dass ich tatsächlich kann,
ohne es zu wollen?

Ich glaub ich hab die Wahrheit gesehen

Als du gestorben bist

Nun entferne ich mich davon

Weil sie hinter, unter und durch

Die Traurigkeit

Davonsegelt

Davor war es so

Dass mich Gedanken, die ich schon gedacht habe

Unermesslich gelangweilt haben

Nun werde ich nicht satt

Immer wieder das Gleiche zu denken

Die Morgenfrische hält mit klaren kalten Sonnenstrahlen
Händchen

Der Wind scheint noch zu schlafen

Die Unberührtheit dessen lässt vom Glück träumen

Ich halte dich in meinen Armen und bin glückselig

Ein Leben

Das Leben

Das ich nicht verstehe

Das zerperlt und zerplatzt

Wenn ich danach greife

Es nicht zu schaffen meine schützende Alltagsseifenblase zu verlassen

Obwohl ein Lichtstrahl mich blendet

Am meisten Angst hab ich vor mir selbst

Meine Tränen

Gehören zu mir

Und fühlen sich auf meinem Körper dennoch

Ein wenig wie ein Gast an

Eine Träne wagt sich vor bis zu den Zehen

Vielleicht schaffe ich es

Mich mit mir selbst zu ertränken

Sanfte windgeküsste Sommerstille

Ein, zwei Bienen, die mit fernen Motorengeräuschen tanzen

Sehnsucht und Liebe, die darin implodieren und glücklich
sind.

Eine mir bekannte Ahnung

Die ich nun benennen kann

Das Leben nicht verstehen wollen

Ist so unbegreiflich

Wie das Leben selbst

Doch wenn es der Preis ist

Dich lieben zu können

Töte ich dieses Tier

Als wär Schmerz und Unglück ein Zirkus

Der jetzt in unserer Stadt Halt macht

Und wir Idioten haben auch noch Tickets gekauft

Das Wertvollste

Das ich je lieben durfte

Die Vollkommenheit dessen tröstet meine Sehnsucht

Und lässt mich die Glückseligkeit erahnen

Wenn wir uns wiedersehen

All meine Liebe ist bei dir

Verdammt, ich bin hier.

In der honigwarmen Sommerstille

Streichelt die Sehnsucht die Zeit und beide verweilen.

Die Liebe erzählt der Welt von dir.

Die Gewissheit, dass uns Beiden die Ewigkeit gehört

Trägt mich von einem Herzschlag zum nächsten

Wie vollkommene Musik

Die mich tanzen lässt

Erfüllt mich deine Liebe

Du gibst meinem Leben den Sinn

Der mich als Ahnung immer schon begleitet hat

Ich aber nie fassen

Oder benennen konnte

Meine Liebe leitet mich und meine Sehnsucht an

Damit wir unendlich und glückselig

Miteinander leben

Ich bin durch dich und für dich

Meine Liebe für dich

Überwindet Raum und Zeit

Das Leben und den Tod

Füllt die Leere

Tanzt mit mir durch das Sein

Meine Liebe für dich ist

Weder beschreibbar noch fassbar

Manchmal möchte ich aufstehen

Obwohl ich gar nicht weiß

Wohin ich gehen möchte

Oder womit ich meine Hände beschäftigen soll

Ich folge dem Impuls ohne zu fragen und ohne zu wissen

Was danach kommt

Überfüllt mit Hoffnung ersehne ich in jedem Impuls den
Weg zu dir

Eine Stille

die die Welt ruhen lässt

Und alle Hände und Herzen in Schweigen hüllt

Hilft mir dein Herz zu hören

Meine Liebe hat meine Traurigkeit bei der Hand genommen

Und Beide verweilen in der Sommerstille

Wirken von dort mit einer Kraft

Die so stark, rein und wahrhaftig ist

Dass sie nicht nur uns Beide glückselig machen

Sondern auch die Welt um uns verändern.

Eigentlich ist es einfach

Liebe ist göttlich

Ich liebe dich

Vertrauen

Dass wir zusammen und eins sind

Dann für die Ewigkeit

Und jetzt durch die Liebe

Angekommen sein

Inmitten der Liebe meiner Seele

Wo Sehnsucht zu Vertrauen wird

Weil ich dich so liebe

Zerreißt es mich fast

Meine Sehnsucht

Zieht mich in Millionen Richtungen

Weil du überall für mich bist

Musik und Liebe

Inmitten der Herbstsonne

Trösten die Träume von dir

In all der Musik und den Worten

Bei der Liebe bleiben

Und vertrauen

Meine Hände halten meinen Kopf

Damit er nicht explodiert

Meine Stimme kreischt beißend still

Jeder Muskel und Nerv ist angespannt

Ich bin bereit

Um zuzuschlagen

Einzuschlagen

Auf diese verdammte

Ungerechte Welt.

Ich lehne es ab

Ich nehme es nicht an

Ich weigere mich einfach

Anzuerkennen

Dass mein Herz ohne deins schlagen soll

Möglicherweise übersehe ich

Die Möglichkeit

Das Geschehene

Ungeschehen zu machen

Zu erkennen

Dass dich zu lieben mein Sein ist

Lässt mein Herz und meine Seele

Zeitlos magisch tanzen

Und erfüllt sein

Die Liebe trägt dabei mein Herz

Die meiste Zeit

Manchmal aber muss es ruhen

Weil die Schwere meines Herzens

Nicht tragbar ist

Könnte man, wenn man wollte

Ungerechtigkeit in Gerechtigkeit umwandeln

Ich hoffe es so sehr

Dass das schmerzliche Wissen für einen Augenblick betäubt
still steht

Und dann explodiert

Um diesen jämmerlichen Glauben

Und die gesamte Welt

In einem tiefen schwarzen Abgrund

Zu

Verschlucken

Ich hab bestimmt schon einen Baum verweint

Ich sollte einen pflanzen

Nicht unterscheiden können

Wer oder was müder ist

Mein Körper weiß sich bemerkbar zu machen

Mein Geist versucht sich in Wahnsinn

Meinem Herz sind die Millionen Tränen nicht genug

Meine Seele weint im Schlaf

Ich möchte das alles so nicht akzeptieren

Verstehe aber nicht was das heißt

Und was ich damit tun soll

Das Schicksal verabscheuen und gleichzeitig wissen

Dass es weder gute noch schlechte Absichten hat

Sondern einfach ist

Sprengt mich

Als hätten all meine Tränen auf diesen Augenblick gewartet

Als wär dies das Stück, auf das sie ein Leben lang
hingearbeitet haben

So hingebungsvoll

So klar und prall

So perfekt

Tanzen sie für dich

Wie eine leblose Hülle

Schleudert mich mein Schmerz

Gegen die Wand

Und springt auf mir herum

Und die Liebe

Lässt das einfach zu

Immer wenn ich verstehe

Dass ich das Leben nicht kontrollieren

Und verstehen kann

Wird es leer und stumpf

Und glasig

Und der Raum gibt Raum

Für Liebe

Die Millisekunde der Leere fühlt sich manchmal wie eine
Ewigkeit an.

Die vielen Bäume

Die mich begleiten

Wollen mir glaub ich helfen

Die Ewigkeit zu erahnen

Meine Liebe hat einen Namen

Dein Verlust leider auch

Sterne, die zu Musik werden

Um mit mir in der Liebe eins zu sein

Weil ich dich so sehr lieben darf

Lebe ich noch

Neues Lieben

Das mir Glauben und Vertrauen gibt

Und deine Nähe spürbar und lebendig macht

Und mit dir gemeinsam lächelt

Meinem Geist begreiflich machen

Dass er sich nicht vergiften lässt

Dass er loslässt und liebt

Jeder Tag ein Versuch

Die Liebe müsste vielleicht mehr wie zwiebelriechende
Finger sein

Damit man nicht darauf vergisst

Leicht

Wie ein Blatt im Wind

Zur Musik des Lebens tanzen

Loslassen

Indem man die Liebe festhält

Frei sein

Weil ich frei bin

Egal was ich tun muss

Weil die Liebe mich die Wahrheit

Erkennen hat lassen

Anerkennen

Dass ich nicht mal mich

Alles an mir

Kontrollieren kann

Hilft mir die Welt

Welt sein zu lassen

Und tiefer

Und leichter

Und schwebender

Und liebender

Zu sein

Die Lebendigkeit und Stärke

Die Unendlichkeit der Natur

Lässt mich ganz nah bei dir sein

Ich fühle deine Liebe

Und unsere Berührungen

Bin angekommen und ruhig

Und noch immer dreht sich die Welt weiter

Für die Anderen immer schneller

Für mich augenblicklicher und stiller

Meine unendliche Liebe lässt mich fühlen

Und Zeit vergessen

Liebe und Glück

Die dich tragen

Und alles und alle

Strahlen lassen

Weil du bist

Weil du mich lächeln lässt

Weil du mich immer glücklich machen wirst

Weil ich dich liebe

Unendlich

Für immer

Die Unendlichkeit des Verliebens und Liebens

Unaufhörlich

Stetig

Zu sein

Ist magisch

Und ich bin dankbar und wehmütig

Gewissheit im Glauben

Gibt Klarheit in der Unkontrollierbarkeit

So stark wie die Zähne der Napfschnecke

Ist meine Liebe

Und der Schmerz deines Verlustes

Balance finden

Zwischen der Härte der Welt

Und den Flügeln der Liebe

Ist wie auf einem Spinnfaden zu balancieren

Der Abgrund ertränkt sich im Himmel

Getragen von Liebe

Stark und ehrfürchtig

Mit einem gebrochenen Herzen

Immer an dich denkend

Lebe ich mit dir

Und gebe dir Familiengeheimnisse weiter

Sich verlieben und lieben

Egal wie die Umstände sind

Träumen

Unendlich miteinander verbunden sein

All das hätte mich früher verwirrt

Jetzt liebe ich mehr als je zuvor

Weil du mich glücklich machst

Lebe ich mit einer unendlich liebenden Kraft

Mit dir

Wahrzunehmen, dass weder die Welt

Noch Menschen

Oder ich selbst

Vollkommen fassbar

Und verstehbar sind.

Irgendwie tröstlich diese Verwirrung.

Wenn mein Herz schwer wird

Verschwimmt mein Körper

Mit meiner unendlichen Sehnsucht

Und wird zu einer einzigen Träne

Manchmal hasse ich das Leben

So sehr

Dass die rohe Gewalt und Wut, die dabei ihren Weg finden

Vor sich selbst Angst haben

Und aus ihrer Mitte alles

In

Ein einziges Nichts

Verwandeln

Dein Herzschlag ist der Takt meines Lebens

Ich tanze nur für dich

Wenn die Stille der Natur

Mit der Stille in mir eins wird

Weiß ich wie sich die Unendlichkeit mit dir anfühlt

Eine Schwere

Die mich zwingt zu liegen

Damit ich nicht größer bin als die toten Baumstümpfe

Die zurückgeblieben sind

Weil mein Körper deinem nahe sein möchte

Deine Liebe

Streichelt sanft mein Herz

Lässt mich zu Hause sein

Weil ich nicht alles

Immer verstehe

Und dein Sonnenstrahl uns tröstet

Weint mein Herz

In der Vollkommenheit unserer Liebe

Zurückgelassen

Und allein

Als hätte mich der Tod vergessen

Kein Bedürfnis

Keine Stimme

Kein Gedanke

Nichts in mir

Nur eine traurige Stille

Die durch die Luft hindurch von dir träumt

Schmerzen

Die die Welt vergessen lassen

Die nicht getröstet und gelindert werden wollen

Sondern sich einfach nur

Ausbreiten

Kann nicht sagen

Was mir nicht weh tut

Weil es nichts gibt

Lieben

Um unendlich glücklich zu sein

Und nicht versuchen sie festzuhalten

Hinauf

In Höhen

Die keiner kennt

Und sich explodierend ausbreiten

Bis die Welt mich fühlt

Es stimmt

Wie rückwärts fahren

Und nicht wissen wann man

Aufprallt

Wenn Wut das Gegenüber von Ungerechtigkeit ist

Gehört dann die Liebe zur Gerechtigkeit

Warum wird meine Welt dann nicht gerechter

Wie Regen

Der gegen die Schwerkraft

In den Himmel hinaufweint

Sind meine Tränen

Wenn jemand deinen Namen sagt

Lächelt die unendliche Liebe

Für dich

Und durch dich

Nach Luft ringen

Damit der Schmerz atmen kann

Und Tränen leben können

Immer wieder

Bricht mein Herz

In noch mehr Teile

Vermutlich fühle ich deshalb

Gleichzeitig so viel Unterschiedliches

Eine neue Zeitrechnung seit deinem Tod

Ein neues Leben

Ich sehne mich nach dem Leben mit dir

Ich bin mit dir gestorben

Die Unbeschwertheit ist weg

Stattdessen

Ist die Traurigkeit eingezogen

Sie hat versprochen

Für immer zu bleiben

Als dürfte man das eigene Leben nicht leben

Und nur Statist im Leben der Anderen sein

Und zusehen

Wie unwissend glücklich sie sind

Die Sehnsucht sprengt mein gebrochenes Herz

In Milliarden Splitter

Damit sich mein Körper auflösen kann

Und ich in den Tränen verschwinde

Ich schreie diese verdammte Ungerechtigkeit an

Verfluche diese verdammte Welt

Und hasse alles so sehr

Weil nichts hilft

Ich nichts daran ändern kann

Ein wenig Trost in der Müdigkeit finden

Denn wenn alle Kräfte verbraucht sind

Zwingt mich die Traurigkeit zu schlafen

Meine Sehnsucht drückt meinen Geist zu Boden

Und würgt ihn damit er erstickt

Weil ich so sehr bei dir sein möchte

Die Machtlosigkeit bringt mich um den Verstand

Sie vergiftet mich

Und es ist mir egal

Das Schicksal hat mein Herz gestohlen

Kein Gefühl

Nichts, das ich artikulieren könnte

Einfach nur Schmerz

Ein unerträglicher Schmerz

Seltsam, dass ich noch lebe

Ich weiß einfach nicht

Wie ich ohne dich leben soll

Und warum eigentlich

Musik

Hilft mir mein schweres Herz zu tragen

Und um dir noch näher zu sein

Wolken und Sterne werden eins

Sie versuchen der vollkommenen Liebe

Gerecht zu werden

Weil du mich

Mich sein lässt

Und mich liebst

Wärmende Geborgenheit

Und unendliche Liebe

Die dich umgibt und schützt

Weil du bezaubernd bist

All meine Liebe

Alles, das ich dir geben kann

Ist bei dir

Und hält dich zärtlich im Arm

So unendlich traurig sein

Dass meine Tränen die Welt in einen einzigen Ozean
versinken lässt

Und alles ertränkt

Dich so sehr lieben

Dass mich das unendlich vollkommen und glücklich macht

Und alles zaubernd strahlen lässt

Das lässt mich leben und tötet mich

In meinem Herzen leben wir gemeinsam

Und ich träume für uns

Die schönsten Erinnerungen.

Die gefürchteten Parallelwelten

Jetzt lebe ich gleichzeitig in ihnen

Man kann auch ohne Taschentücher weinen

Es macht keinen Unterschied

Gedanken an dich

Machen mich ruhig

Schenken mir ein Lächeln

Und lassen mich diese unglaubliche Liebe spüren

Jemanden etwas sagen

Um dann selbst die Antwort zu finden

Kälte und Wahnsinn

Scheinen irgendwie zusammenzugehören

Das nicht fühlen dreht sich mit meinem Geist

Bis zum Anschlag irrwitzig im Kreis

Und verwandelt alles in Angst

Die Unkontrollierbarkeit anzunehmen

Überfordert mich die meiste Zeit

Aber ich bemühe mich

Indem ich dich liebe

Den Rest meines Lebens damit verbringen

Nur von dir zu träumen

Jede Minute

Jede Sekunde

Überfüllt mit Traurigkeit und Liebe

Laufen Tränen über meinen Rand

Damit ich dankbar glücklich wachsen kann

Weil es kein vorgegebenes richtiges Trauern gibt

Und man für jeden Gedanken und jedes Gefühl

Einen ganz eigenen Umgang

Ausdruck finden muss

Ist Trauern tatsächlich wie Holz hacken

Schwerstarbeit

Das Wissen

Dass das Leben eigentlich anders sein könnte

Anders sein sollte

Anders sein müsste

Tötet mich – zuerst explodierend und jetzt Stück für Stück

Nimmt mir die Freude

Und hat die Hoffnung erhängt

Es hat mir deine Liebe geschenkt

Für immer

Immer wieder überprüfe ich

Ob ich magische Kräfte habe

Und wünsche dich zu uns

Ich sollte präziser zaubern

Das Verbunden sein mit dir

Hat mich seit dem ersten Augenblick geerdet und
glückselig gemacht

Inmitten dieser tiefen Liebe

Habe ich vor nichts und niemanden

Jemals

Mehr Angst

Einfach zu lieben

Dich zu lieben

Um mit dir zu sein

Ist Vollkommenheit

Einen Tag

Nach

Dem anderen

Um bei mir selbst

Und der Liebe

Zu bleiben

Sogar im Nebel

Seh ich dich

Und spiel mit dir

In den winzig kleinen

Wassertropfen

Dass wir nicht gemeinsam leben können

Die Welt hat mich verraten

Peitscht mich aus

Und lässt mich bluten

Ich kann nicht schlafen

Weil ich es so sehr möchte

Angst

Dass auch mein Vertrauen

Mir genommen wird

Und die Machtlosigkeit

Wieder zuschlägt

Doch ich liebe

Weil die Welt so furchtbar erscheint

Und heute noch die Angst gelebt werden möchte

Sind meine Augen so schwer

Mein Geist möchte mein Herz nicht schlafen lassen

Weil die Liebe stärker ist als die Angst

Und sie von Traurigkeit gestützt wird

Ist der Traum so wunderschön

Dich gemeinsam lieben

Die Liebe teile ich

Deine Liebe

Berührt nicht nur mich

Sie lässt die Herzen aller Menschen

Liebevoll erstrahlen

Du machst die Welt schöner

Alles

Und

Für Immer

Ruhend und gelassen

An den schönsten Orten der Welt

Dich

Und deine wundervolle Liebe

Wehmütig

Mich unendlich daran erfreuen

Ungewollt

So leben

Dennoch bewusst und liebend

Sein

Das Herz atmen lassen

Manche Menschen fühlen sich wohl im Sternenzauberstaub

Andere atmet man aus

Und es ist in Ordnung

Vermutlich

Ist es das ganze Leben lang anstrengend

Und dennoch schön

Zu erkennen

Dass das Leben vollkommener

Liebender ist

Wenn man sich nicht nur auf das beschränkt

Was man sieht

Anker bauen

Damit ich niemals vergesse

Was du mir schenkst

Seltsam diese Angst

Ich weiß doch, dass es anders ist

Einfach versuchen

Tatsächlich bei mir zu sein

Und nicht vor mir selbst und meinen Fehlern und Ängsten

Angst zu haben

Sich im Schein der Welt

Nicht zu verirren

Weil es überall glänzt

Und die Unwissenheit zu einer Wahrheit wurde

Das einzige das tatsächlich strahlt

Ist die Liebe

Wenn der Kopf wieder die Kontrolle haben möchte

Und die Argumente dafür dem Herz unterschiebt

Bin ich mit mir selbst überfordert

Und stochere detektivisch in mir selbst herum

Bis die unzähligen kleinen Wunden

Im Meer der Verwirrungen

Die Macht übernehmen

Sich selbst zulassen

Und sich an der Liebe erfreuen

Und die Ketten des sich selbst auferlegten Leidens müssen

Zu Boden legen

Und die Liebe wirken lassen

Einfach so

Und immer wieder

Lähmt mich dieser

Stechende Schmerz deines Verlustes

Und Tränen weinen in meinem Herz

Dich vermissen

Obwohl du bei mir bist

Macht mich

Mit dir verbunden

Den Schmerz und die Sehnsucht

Konservieren

Weil es sich manchmal richtiger anfühlt

Als die Liebe

Obwohl ich durch die Liebe bin

Mit dir leben

Macht mein Leben besonders

Dich zu lieben

Deine Liebe

Ist eine einzige Freude

Zu wissen

Dass du bei uns bist

Weil die Welt

Dann besonders strahlt

Bei mir bleiben

Um so liebend mit dir zu sein

Jedes Wort

Auch wenn es falsch zu sein scheint

Ist besser

Als

Dieses

Nichts

Dich in so vielen Dingen finden

Schenkt mir nicht nur für den Augenblick Liebe und ein
Lächeln

Ich lebe unendlich liebend

Vermutlich werde ich nun immer

Wenn ich besonders glücklich bin

Auch immer wehmütig traurig sein

Und dich aufgrund dessen noch

Mehr lieben

Den Alltag

Spüren

Ist manchmal unwirklich

Weil ich erst herausfinden muss

Was ich davon

Überhaupt noch möchte

Millionen Gedanken

Überlegungen

Vorstellungen

Befürchtungen

Fragen

Splitter

Die mir Angst machen

Und sich in mich hineingebohrt haben

Um mich festzuhalten und zu erstarren

Damit ich mit den Splittern gleichzeitig jemand

Verletzten kann

Manchmal habe ich das Gefühl

Dass ich nicht meine Gedanken denke

Sondern die Worte von Anderen verarbeite

Weil es so viele sind

Und die meisten davon unnötig

Ich möchte mein Ich

Nicht darunter vergraben

Ein einziger Schmerz

Und ich weine

Während du bei mir bist

Und ich dich liebe

Orientierungslosigkeit spüren

Obwohl es mir kein Bedürfnis ist

Und nicht den geringsten Wert für mich hat

Verwirrt mich selbst mit mir

Und irritiert mein Ich

Wenn die Realität die Kleider der Vergangenheit trägt

Sind es gefühlt tausend Schritte zurück

Ein scheinbar unverständlicher Schmerz

Die Grenzen meines Körpers verschwimmen

Und verschwinden

Weil die Liebe

Und die Traurigkeit

Ansonsten

Darin verkümmern

Müssten

Und sich explodierend

Im jeweils anderen

Verlierend potenzieren

Herzen

Die sich zärtlich umarmen

Und für einander schlagen

Halten allem stand

Die Prioritäten

Müssen sich erst

An ihren neuen Platz gewöhnen

Und ich

Mich

An

Mich

Gleichzeitig

Sich widersprechende Wahrheiten

Zulassen

Und annehmen

Und es nicht auflösen wollen

Sondern dadurch bei mir sein

Stolz und dankbar

Schwappt die Welt

Voll Liebe

Über

Weil es nicht auf mich bezogen ist

Sondern vielleicht der Rucksack von Anderen

Auch sehr schwer

Oder noch schwerer

Ist

Es ist nicht die Vergangenheit

Davor

Es ist ein neues Leben

In dem du

Mit deiner Liebe wirkst

Nichts, das ich glaube tun zu müssen

Nichts, das mich quält

Weil die Liebe mich

Erfüllt

Du öffnest mein Herz

Wenn ich Anderen

Begegne

Wenn ich bei mir

Und dadurch mit dir bin

Lösen sich die unerklärlichen

Verängstigen Gedanken auf

Und machen Platz für

Die Liebe

Wenn ich im Hier und Jetzt

Und bei mir

Und so bei dir bleibe

Verschwinden die Alltagsoberflächlichkeiten

Und ich spür die Tiefe

Das Außen

Zwingt

Mir aber manchmal diesen Ziel- und Zukunftswahnsinn auf

Aus dem ich mich dann befreien muss

Vielleicht kann ich es irgendwann einfach

wegatmen

Wenn die Aufgaben so

Sinnlos und kalt

Erscheinen

Ersehne ich leidvoll

Die geträumte Zukunft

Und liebe dich noch mehr

Breiter leben

Es zulassen

Sich die Welt neu bauen

Weil es wundervoll ist mit dir

Den Gedanken Auslauf geben

Und es zulassen

Dass sie purzelbaumschlagend

Im Irrwahn

Ein Leben leben

Der perfekteste Tanz

Der entspringt

Aus dieser

Unendlichen

Mich umarmenden

Liebe

Vom eindimensionalen

Fühlen

Hin

Zum Mehrdimensionalen

Trägt die Gegensätzlichkeiten

Mit liebender Liebe

Die Salzwasserkruste auf meinen Wangen

Hilft mir

Respektvoll

Mit mir zu sein

Die Intensität all dessen

Lässt mich wachsen

Und all das Vertraute

Splitternd

In Erfahrung

Behütet alt

Sein

Deine Liebe umhüllt

Die weihnachtliche Ruhe

Liebevoll

Lässt unsere Herzen

Weinend liebend

Vollkommen sein

Deine Liebe ist

Magisch

Vollkommen

Berührend

Unendlich

Wie Tropfen

Die ständig auf mich einprasseln

Und eindringen in meine Haut

Um mit meinen Gedanken und Gefühlen

Zu schwimmen

Und so mein Ich verwässern

Sind die Worte der Anderen

Aber ich weiß wo ich mich wieder finde

Mir nicht selbst mit meinen Bildern

Vom Glück

Im Wege stehen

Viel mehr

Mein Herz

Durch dich

Öffnen

Gedanken

Die mich treiben

In den Abgrund

Um mit mir zu springen

Und sprengen

Mit dir sein

Ist perfekt

Und wundervoll

Sie schleicht sich ein

Und baut ein warmes kuschliges Nest

Gestrickt aus Annahmen

Die ich mal kannte

Und Ängsten, die mich mal trugen

Doch ich verbrenne das Nest

Ich verbrenne die

Gewohnheit

Lieben

Weil nichts Anderes

Sinn

Macht

Mein unendlich strahlendes Herz

Das mit deinem verbunden ist

Und wir lieben

Gemeinsam

Für immer

Wie sanfte

Kaum wahrnehmbare

Regentropfen

Berührt meine Angst

Immer wieder zart

Mein Herz

Und löst sich darin auf und beginnt es zu erfüllen

Ich sollte wieder

Liebe

atmen

Mit allem zugleich

Möchte ich

Nichts

Von davor zurück

Weil ich dich so sehr liebe

Angst so klar und unverfälscht

Spüren

Dass sie wütet

Während sie lähmt

Um aus mir herauszuwachsen

Und auf meinen

Zerstückelten pochend leblosen Ichs

Zu sitzen

Weil unsere Seelen

Eins sind

Und unsere Herzen

Lieben

Den Alltag

Druck- und stresslos

Weichgespült durchleben

Und von der Liebe

Träumend

Im Bewusstsein

Sein

Das wirklich Schöne

Nicht

In all den Wichtigkeiten

Übersehen

Manchmal

Erst danach erkennen

Dass es inmitten der Momente

Die Liebe

War

Und

Ist

Eigentlich ist es keine Entscheidung

Die Liebe sollte

Teil

Von

Allem sein

Wenn Seelen gemeinsam leben

Verbindet der Tod

Anders

Und mehr

Ruhend

Atmen

Und mit deinem Herzschlag

Vereint sein

Sich selbst zugestehen

Dass Manches

Weniger erkenntnisreich ist

Und es einfach nur plätschert

Inmitten der Liebe

Rührend

Berührt mich die Liebe

Und erfüllt meine Seele

Unendlich gerührt

Im vollkommenen Sein

Deine Vollkommenheit

Antwortet auf meine Differenzierungen

Und lässt die Liebe Lieben

Alles in mir liebt

Und lässt die Welt erstrahlen

Ich liebe dich